GRAZIA MARIA ABRAMO

Attraverso
gli oceani
del tempo,
dello spazio
e dell'animo

Finito di stampare

nel mese di Dicembre 2011

Spesso, il poeta, rincorrendo esigenze puramente professionali, concepisce produzioni vastissime, anche nell'arco temporale di pochi anni. Alcuni dei più grandi poeti della storia sono stati incredibilmente prolifici, lasciandoci versi di grande vigore e bellezza, la cui qualità non è stata minimamente inficiata dalla quantità degli stessi. Altri poeti invece, puntando alla sola produzione massiva, peccano a volte di ispirazione pura, dovendo fare i conti con un quotidiano che non sempre offre la giusta cifra espressiva necessaria a comporre versi di autentica verità. L'aspetto che più ci ha colpiti, analizzando la produzione della poetessa Grazia Maria Abramo, è l'arco temporale nel quale i versi sono stati composti. Si tratta infatti di un viaggio allegorico, di una sfida con la propria inquietudine ed il proprio malessere di fondo, della durata di una vita. Tra le liriche della poetessa, ordinate non casualmente, ma neanche secondo un criterio cronologico, si ritrovano infatti insieme composizioni dell'adolescenza e della maturità, composte in un arco di cinque decadi, ma così omogenee nella forma e nel contenuto, e così leali nel resoconto intrinseco di una vita strabordante di sensazione ed emozione, da folgorare profondamente il lettore nella sua sensibilità. Nel vissuto dell'autrice non è avvenuta, come nell'ultimo Goethe, quella trascendenza alla divina austerità ed impassibilità, dopo una giovinezza sturm und drang. L'autrice rifiuta categoricamente l'ascesa all'apollineo, amando con tutte le sue forze il dionisiaco. Questa sanguigna appartenenza all'umanità nella sua interezza, insieme all'intensa consapevolezza del dramma d'esistere di matrice Sartriana, accomunano G. M. Abramo all'esistenzialismo francese. Diversamente dalla corrente del primo novecento, la poesia dell'autrice presenta però una componente squisitamente etnica e narrativa, che insieme ad uno spiccato senso descrittivo, ricreano realtà dalle molteplici dimensioni fisiche: profumi, suoni, voci, architetture, volti... sembra quasi che le immagini descritte vogliano prepotentemente uscire dalle pagine, proponendo visioni univoche ed assolutamente inconfondibili. Come nei versi dei grandi poeti tardo-romantici russi, i quattro punti cardinali, così come gli elementi della natura, l'acqua, l'aria, la terra e il fuoco, costituiscono l'ordito della poesia dell'autrice, la cui trama perenne è invece l'amore, in tutte le sue forme, compreso l'odio, la disperazione e la desolazione. L'elemento di grande modernità dell'autrice è invece l'universalità dei versi proposti. In questo senso le geografie e cronografie descritte non emergono mai dettagliatamente, non indicano mai luoghi precisi, suggerendo invece visioni immaginifiche prossime al sogno ma non per questo sfumate e ingiallite, solo oniriche e mistiche. Persino le reti dei pescatori, o il glicine adagiato sui muri vetusti di un giardino, nel quale una donna canuta siede lavorando a maglia e raccontando fiabe ancestrali, non sembrano suggerire un Sud troppo spesso stereotipico, e neanche una mediterraneità ormai iconografica, ma un Non-luogo descritto con l'accuratezza del Luogo più intensamente veduto e vissuto. Neanche l'accuratezza della descrizione delle quattro stagioni sembra convincerci dell'effettiva volontà pittorica dell'autrice: il significato è più ampio, allegorico, correlato alle stagioni della vita. In questo senso, Grazia Maria Abramo utilizza di rado artifici poetici fini a se stessi, come di rado utilizza la parola come fonema scevro da ogni valore aggiunto. La retorica letteraria utilizzata si estrinseca invece nel quadro globale della forma poetica. Tutte le poesie della raccolta sono in sé metonimia di qualcosa, la semplicità a volte disarmante del significante di esse cela i più profondi ed esoterici significati e chiasmi allegorici. In questo senso, il controllo tecnicistico dell'intero arco produttivo, anche se cinquantennale, è degno di una sinfonia di Brahms nella sua perfezione formale. Eppure, le atmosfere intimistiche descritte, quel gusto spiccatamente noir e quell'attenzione per il "colore della parola", quella scelta sempre consapevole ma barocca della punteggiatura, quell'attenzione per il ricordo e la "pennellata effimera", accomunano le poesie dell'autrice all'impressionismo musicale francese, in particolar modo a Debussy. Inoltre, proprio come nei i preludi per pianoforte del grande compositore francese, i titoli sono scritti in basso a destra, alla fine, preceduti da punti sospensivi. Ciò al fine di non influenzare l'esecutore, in questo caso lettore, prima di aver assimilato interamente la composizione. In effetti la musica è un pilastro fondamentale del vissuto della poetessa, non solo ascoltatrice ma anche raffinata musicista; ma chi pensa di trovare nei toni fumo-di-Londra di una suite di Bach o nei patetismi di un valzer di Chopin o ancora nella cupa rassegnazione di un preludio di Rachmaninov, l'esculsiva matrice poetica neo-esistenziale dell'autrice, probabilmente sbaglia. Grazia Maria Abramo, medico oncologo, vive ogni giorno il dramma dell'esistenza, connaturato in una lotta titanica ed impari contro il male del secolo. E' quella omerica consapevolezza che "l'uomo contro gli dei nulla può", unita ad un'oggettiva rivolta interiore contro l'accettazione dogmatica dei misteri della vita, a forgiare il pessimismo profondo, di matrice più Schopenaueriana che Leopardiana, radicato nella poesia di Grazia Maria Abramo. La raccolta consta di ottanta momenti di pura ispirazione, divisi in tre immaginari viaggi attraverso le dimensioni metafisiche del tempo, dello spazio e dell'animo, tutti accomunati dal sapore amaro del disagio d'esistere, quasi riso sardonico di una vita matrigna che deride chi strada facendo smarrisce la strada per la trascendenza, troppo innamorato dell'amore, delle emozioni, e dell'umanità in tutto il suo fascino effimero.

C.F.

Nell'Oceano del mio Intimo
navigo,
alla ricerca di uno scoglio.

...Tempo...

Che strano sapore
ha il tempo,
sapore di Morte!
Ed i giorni che noi viviamo,
non sono altro che
petali, di un crisantemo
che deporremo sulla lapide
della nostra Vita,
come Omaggio
per una commedia recitata.

...Sapore di morte

Brividi
di vivissime emozioni…
i tuoi occhi…
in essi mi sono persa…
al di là del Tempo e dello Spazio…
nell'Eternità di quell'Attimo
vissuto unicamente con te,
nell'Unisono del Sogno magico
e dell'amore.

…Oltre

Le note gioiose di una dolce musica
mi raggiungono
e penetrano
profondamente
in me;
e una luna di fuoco,
contornata da miriadi di stelle,
è fissa nel cielo della notte
a guardarmi.
In quest'atmosfera di magico incanto,
io vorrei perdermi con te…
e fermare il tempo…
solo per amarti.

…T

Sono riuscita
a fissare a lungo i tuoi occhi
stasera
…troppo a lungo
per non capire,
che ogni giorno si muore,
lentamente,
ma
inesorabilmente.

…Eternità

Verità!
Hai partorito figli senza tempo,
che hanno solamente nel cuore
una zolla di terra.

...Verità

Questa notte
l'attesa
ha ucciso la speranza.
Pensieri,
onde agitate dal vento,
fluttuanti,
e tempestose,
s'insinuano nelle pieghe recondite
del mio Essere…
poi,
un brivido scuotente
di un tumulto
crescente di folle paura,
troppo lungo e senza fine
per reggerne l'insania.
E sul cuscino
madido di sudore
e umido di pianto,
volano via,
per non tornare mai più,
le certezze di una vita,
lasciando posto al vuoto,
del mio grande
d-i-s-a-g-i-o
d'e-s-i-s-t-e-r-e

…L'attesa

Stringo gli occhi
mentre rigano le mie gote
lacrime non piante,
e pesanti come macigni, e calde,
quanto il freddo che mi ottenebra
in questa notte di gelo,
e annichilita,
mi stringo a me,
aggrappata a vecchi ricordi,
mentre il vento ulula
e accompagna i lamenti di un animo
che vuole emergere
dalle paure sommerse,
che il tempo,
con il suo fluire,
ha inciso nelle remote e recondite
pieghe dell'essere,
trasformando in piaghe cancrenose
di ossessione,
ferite ancestrali,
di fresca gioventù,
ed imprigionando
con tentacoli di piovra,
la mia libertà
e volontà…

…Piaghe

Quel vento leggero,
che in Primavera accarezza e bacia
le foglie sui rami,
intonando con esse dolci melodie,
in Autunno
diventa cattivo,
impetuoso,
ed immemore,
strappa quelle foglie dai rami,
che volteggiando di qua e di là,
cadono a terra.
E muoiono.

...Immemore

Risuonavano le voci gioiose
dei miei compagni
intenti ai loro giochi
nei tardi meriggi
di Primavera;
mentre
sulle note
dei miei studi al pianoforte,
e sui libri
di un'antica biblioteca,
volavano via,
per non tornare,
i miei giorni,
senza canti e senza danza,
senza aver odorato
quel glicine che amavo,
o colto quel fiore
che stordiva,
con la sua fragranza,
i miei sensi…

…Primavera

Triste e melanconico
Autunno,
tra un cielo coperto e plumbeo,
ed una pioggerellina
fitta e penetrante,
tra soli e sogni
lasciati alle spalle…
e mesti pensieri…
…Autunno!
Antico odor di mosto
e di terra bagnata,
sbiadito ricordo
di allegre castagne
tra mani vergini
di speranzosi bimbi!

…Autunno

Ho visto l'onda furiosa
Travolgerti,
mentre disperata e naufraga
anelavi la riva
di quel mare benevolo,
che un tempo lambiva,
spumeggiando,
i tuoi castelli di sabbia.
Violento era il tuo tormento.
Come fiume in piena.
Straripante di dubbi,
sull'argine non saldo
dell'incertezza del tuo essere,
argine stanco,
indifeso,
eroso dal tempo
e rimasto lì
a resistere,
al fiume della vita,
combattendo contro
un cimitero
di morte emozioni.

...Inverno

Tra le vecchie case del mio rione,
nei viottoli profumati di roselline rampicanti,
nei giardini della mia infanzia
incorniciati dal glicine azzurro,
ricadenti sul muro vetusto…
non volavo sulle ali di un'aquila
nobile e possente,
o su quelle di un gabbiano
libero e leggiadro…
ma…
accompagnata da un vento benevolo,
inseguivo i miei sogni legata al filo rude
di un colorato aquilone,
e correvo lungo le sponde fiorite
del ruscello cheto e gorgogliante,
che accarezzava nell'alveo,
acciottolandole,
le pietre acuminate,
e accompagnava col suo scorrer lento
le canzonette che io intonavo,
mentre correvo a perdifiato
ad abbracciare l'aria,
carica di fragranze inebrianti…
…in quel lontano e antico
giardino d'infanzia…
una donna canuta e soave
mi stringeva a sé
raccontando:
mentre l'orco e le fate segnavano lente, le ore del mio tempo.

…Estate (Giardino d'infanzia)

Era verità,
forse solo mia,
ma il tempo
perché mi è stato nemico?
Ho sfidato me stessa,
ho avuto come alleata
la ragione,
per vincerti,
per annientarti!
Tentativi vani…
distacco inutile…
oggi, rivedendoti
ho percorso a ritroso
il mio cammino,
ho ritrovato il mio tempo
con te…
non è ricordo o nostalgia,
non è follia o illusione,
è solo certezza,
d'amarti,
ancora…

…Certezza

Lungo momento di dubbio
nel mio tempo…
un inimmaginabile sogno…
il ricordo, la nostalgia,
poi l'oblio forzato…
…un pianto…
poi i paradisi della mente
che non reggono all'usura del tempo,
poi la fine del sogno.
Ed è la mia solitudine.

…Usura

Indifferenza.
…velo sui tuoi occhi.
…peso sul tuo cuore.
Una patina grigia ottenebra la tua mente.
Offuscandola.
Freddo.
Il gelo penetra tra le tue membra.
Cerchi il sole,
nascosto tra le nuvole.
Senti la morte vicina.
E annaspando,
tra forti correnti,
cerchi di riaffiorare.

...Gelo

Ho visto la notte cupa.
Senza stelle.
Senza luna.
Ho avuto paura;
speravo sorgesse il sole,
ma era una notte troppo lunga;
ho sentito freddo,
cercavo di scaldarmi
ma non c'era fuoco
e mancava il sole;
ho avuto paura,
mi son messa a gridare,
ho chiamato tutti
ma nessuno sentiva.
Mi son messa a correre
Ma mi trovavo in un labirinto
senza via d'uscita.
Cercavo di fuggire
Ma grosse mani m'afferravano,
soffocandomi.
Io mi dimenavo,
volevo salvarmi!
Volevo vivere!
Gridavo aiuto!...
Poi mi svegliai,
mi accorsi che era un sogno...
...ma sentii freddo...

...Fuoco freddo

Prima di te, il vuoto.
Dopo di te, il baratro.
Ho aperto gli occhi,
e sei rimasto
per sempre…
…in me.
Ti porto dentro.
Come?
Come "Io" nel mio tempo,
come "Tu" nelle tue vibranti note,
come "Noi" nell'unisono
della più alta dimensione
d'Amore!

…Unisono

…Sapore di Vita.
Attimo di verità
…poi…
il buio,
parole vaghe,
eco del distacco,
anime lontane
vuoto nell'animo.

…Nulla

Rintocchi di campane
di un vespro primaverile.
Un segno di croce,
immagini di pie donne.
Prati verdi immensi,
una chiesa lontana tra essi.
Cielo terso,
note di musiche celestiali,
profumo di fiori e d'incensi…
ingenuità,
purezza,
ricordo lontano
velato di melanconia.

…Vespro

Respiri affannosi.
Di bocche avide,
Sguardi intensi e sicuri,
la tua mano nella mia.
Palpiti di animi,
beviamo alla sorgente dell'Essere,
ci ubriachiamo di Vita,
e fermiamo il tempo
solo per amarci.

...Palpiti

Con te,
il ricordo felice della nostra Adolescenza,
imperiosa, curiosa.

Piene di speranze e timorose
ci lanciavamo nella vita
decise a cogliere tutto.

Poi nulla più, di noi.
Eravamo donne ormai,
la vita ci aveva dato e tolto qualcosa...

...tuo padre.
Era tutto per te.
Poi ti rividi un giorno,
eri tanto pallida,
mi sorridevi,
mi mostravi i tuoi bambini, felice.

Ma uno strano dolore
velava i tuoi occhi.

Dovevo sorridere
perché tu non capissi.

Dovevo sorridere,
mentre sapevo
che c'era un letto di gelo
per te.

...Ricordo (Nulla più)

Spesso, di sera,
una struggente nostalgia m'assale.
Sei tu,
sei un ricordo, se un rimpianto.
Cerco di svincolarmi da te,
dal tuo fantasma ossessionante.

Il pensiero e la mente t'inseguono,
ti vedo lontano,
avvolto dall'alone del ricordo;
con colori sbiaditi,
con emozioni sminuite,
non sei più tu,

non ricordo i tuoi occhi,

non ricordo la tua voce,

non ricordo la tua bocca.

...Fantasma

...Spazio...

Ho navigato per mari impetuosi,
ho volato per cieli sereni,
ho conosciuto la tormenta,
ho visto sorgere il sole,
ho conosciuto le tenebre,
l'illusione mi ha regalato le ali,
la disperazione mi ha bruciato l'animo,
il pensiero mi ha distrutta
regalandomi il caos.

La realtà della morte
mi ha conquistata
offrendomi una vita indifferente.

...Caos

Vorrei confondermi,
anima e corpo,
in questo sprazzo d'infinito,
annullandomi
e perdendomi
al di là
del volere
e dei sensi,
e dell'essere
e dell'io.

...Sprazzo d'infinito

I monti s'ergono verso il cielo
pieni ormai della luce dell'alba.
E' un altro giorno,
qualche uccello svolazza nel cielo,
cantando,
rumori...

Echi lontani della vita che inizia
laggiù in campagna.

Tutto si risveglia,
un uomo sta male,
presto il mio aiuto.

Sono anch'io una luce tremolante
Nell'immensità dell'Universo.
Il mio pensiero è rivolto all'umanità
forse anche a Dio.

Sorrido felice
E in questo mio attimo,
potrei anche darvi
il mio ultimo commiato.

...Echi

Il sole cala all'orizzonte,
mentre gli ultimi bagliori
dipingono di rosso
le onde ferme del mare
di un pomeriggio autunnale.
Pescatori solcano il mare
Con una loro Passione antica
e tirano le reti.
In quella baia laggiù,
tra i cespugli,
dove tutto sembra immobile,
s'accende qualche luce della sera

Tremolante…

E dentro me,
s'accende,

Tremolante…

Una luce di speranza.

…Tremolante

Profondamente intimi
in uno spazio surreale
…magico…
unisono di anime
avvolto da luce cosmica
attraverso il silenzio del non-tempo
e l'astratto del non-spazio.

Non più Tu
Ma Noi
Al di là
di Noi

…Divenire

In un susseguirsi
lento e sciabordante
di onde amabili,
al ritmo dei miei pensieri
sereni e tumultuosi e complicati
come le reti
sulla spiaggia ai pescatori.
In questo luogo
a celebrar la vita,
m'accompagna il mio silenzio,
spezzato solo dall'incedere
lento dei miei passi,
mentre avanzo,
tra le timorose case
addormentate sul mare,
…e tra gli spiragli
dell'una e dell'altra,
come cunicoli di vita,
m'appare l'alba,
messaggera di luce
e d'amore.

…Sud

Terrazze antiche,
splendori d'eternità,
giardini eterni,
colline prepotenti verso il mare,
le cui onde lambiscono la riva,
accarezzando gli scogli affioranti,
bellezze di natura fiorite,
lussureggianti
di colori estasianti…
…tra la gente,
sui volti,
in un bisbiglio di voci
cogli il tripudio alla vita.
Qui,
odi il silenzio,
senza tempo
dell'infinito immortale.

…Ovest

Per strade antiche ed austere case,
vo camminando,
a passo lento,
a respirare ancora,
e senza fine,
l'antico odor di gelsomini,
in questo silenzio
di maestosa primavera,
un tenue bagliore
da ultimo raggio,
risplende ancora
su cupole di
nostalgici colori bizantini,
e su portali maestosi
e minareti eterni...
la mia mente è assorta
nel fascino dell'infinito
e nell'incanto
dell'immortalità del tempo...
rintocchi tardi di campane
accompagnano ancora
i miei pensieri
al vespro che cala lieve,
e al suon di musiche soavi
vibranti di note celestiali,
rigano il mio volto
lacrime di religiosa
impotenza,
e di magico incanto.

...Est

Vento,
portami con te,
mare,
inghiottimi tra le tue acque
con onde selvagge,
ché io non oda,
nuvola,
prendimi su di te
ché io possa alleggerirmi,
cielo,
prendimi tra le tue stelle,
ché io brilli,
almeno lassù,
tempesta,
sconvolgimi,
ché io non senta
gli urli del mio dolore,
madre,
riportami
nel tuo grembo,
ché io non sia mai nata,
padre,
tendimi una mano
e prendimi con te,
nei profondi abissi
del mistero del non-essere,
e rimboccami
…in un letto di gelo…

…Nord

Mi appartieni,
perche sei nel mio
silenzio.

Quello che avvolge,
che sconvolge,
il silenzio senza Tempo.

Senza Spazio.

In questa magica spirale
di luce astrale,
ti ho avvolto,

per averti,
e per non averti mai!

...Luce astrale

...Animo...

Amo questo mio essere,
amo questa mia Intimità
che mi parla di me,
di me stessa,
nella mia interezza e totalità.
Amo questo sole che si insinua
nella mia stanza
e che io inseguo,
fino al tramonto,
triste,
Amo il crepuscolo
che sa di morte
la sera, di cui osservo,
al buio, da sola,
le stelle brillanti nel cielo.
Amo la mia vita,
da sola, con i miei pensieri,
con i miei sogni,
con me stessa
e con la mia solitudine.

...Intimità

Infelice
non è chi è solo,
ma Chi,
non può
scegliere di esserlo.

...Infelice

Se la mano presuntuosa
di una mente devastante
non m'avesse impedito
di vivere,
avrei colto negli occhi
di mia madre
il suo amore,
avrei sentito
la sua calda mano
riscaldare il mio cuore,
avrei gioito con lei
adagiandomi
nel suo seno,
ma sono qui…
ancora dentro di lei…
esangue…
con tutta la mia voglia di vita,
che innalza un grido
disperato.
Insieme ai miei
ultimi…
Battiti.

…Battiti

Gioia,

Dolore,

Noia,

Ansia,

Amore,

Esperienza,

Indifferenza,

Apatia,

Illusione,

Attimi fuggenti,
ma sempre eterni,
di un mistero senza fine.

...Apatia

Qualcosa di tremendo e di bello.
S'impossessa di me a momenti.
E interamente.
Facendomi gioire e impazzire.
Ho dentro, le note delicate di un notturno
e agitate di una rapsodia.
Ho dentro, il ricordo lontano
di tempi vissuti, di amori finiti,
di emozioni delicate
e pianti disperati.
Ho dentro la tenerezza struggente
per un fiore, un bimbo.
Il dolore per qualcuno che soffre.
Che muore.
Ho dentro l'amaro della disillusione,
la gioia della vittoria.
Il calore del sole, il cielo stellato.
Una persona lontana.
Ho dentro la struggente sensazione d'infinito
e il vuoto del nulla incombente.
Ho dentro un senso
d'infinita melanconia
e d'incolmabile desolazione.

...Dentro

Non traspare

Dai tuoi occhi

Il guizzo lieto

Di un librarsi in volo

Di gabbiani

Ma soltanto

Il cupo abisso

Di un solitario

Ed inutile

Volo

...Volo

Sento invadermi
profondamente,
da una strana morte
che innalza il suo grido
con un urlo di gelo…

…Strana morte

Questa musica crescente,
questa nota sempre uguale,
insistente;
questi toni smorzati ed accesi
acuti e gravi...
armonia dell'insieme,
conquista dell'Infinito,
scoperta del mistero?
Illusione.
Attimo.

...Attimo

Con il fiato sospeso
ho attraversato
il tuo silenzio…

Ma tu

Non mi hai sentita…

Sei rimasto
In silenzio,
temendo il rumore

Dei miei passi…

…Silenzio

Un triste crepuscolo
si adagia su di me possedendomi.
I colori incerti dell'orizzonte
segnato dal sole che muore.
Le prime luci della città.
La sera cala lieve, tacita, su tutto
- è la mia sera.
Nascondo i miei occhi,
perché nessuno legga il mio pianto,
fingo un sorriso perché in esso
si confonda il mio lamento.
- Il buio avvolge ogni cosa,
anche te.
Nascondo i tuoi occhi in un lungo abbraccio,
perché non legga in essi
la mia solitudine!

...Crepuscolo

Sei
la mia più profonda
Sensazione.
La mia più vera
Intuizione.
Il mio più celato
Segreto.
La mia più recondita
Speranza.
Il mio più caldo
Abbraccio.
La mia più grande
Attesa.
Il mio più intimo
Silenzio.
La mia più disperata
Gioia.

...Sei

Mistero…
Tanto sole…
Pace…
Sapore d'Antichità…
Rintocchi di campane…
Echi lontani…
L'infinito…
Infinite memorie….

…Antichità

Follia dell'Essere
in bilico con il Non-essere,
attimo di Vita
trattenuto a stento
da laceranti dubbi,
ad un passo dalla Verità!
Era tutto solito
Quotidianamente accetto
nel mio deliro
d'immortalità!
Non ho coltivato
i fiori della Speranza,
né della Fede
né della Rassegnazione
ma sola.
Con la mia dignità
umana,
ho percorso il mio cammino,
ma oggi...
il mio oggi è già un ricordo,
e domani...
non è più la stessa cosa!

...Immortalità

Fiume in piena la mia mente
sconvolta dal dubbio,
in questa notte troppo lunga
per vederne l'alba.
Essa… giungerà lenta,
accompagnata da un vento gelido
che spazzerà l'illusione
di un credo d'amore,
e l'Ingenuità di un unisono
di ferventi anime…
ancora… giungerà,
invadendo le mie membra,
dilaniate ed oppresse,
e nel tormento stremata,
saprò…
che qualcosa
è inesorabilmente cambiato
…tra noi…

…Ingenuità

Uno schiavo che uccide il suo padrone,
e per questo è condannato a morire,
anche se grida: <<Liberatemi!>>

nessuno lo ascolterà.

Un padrone che uccide il suo schiavo,
e per questo non è condannato a morire,
anche se grida: <<Liberatemi!>>

nessuno lo ascolterà.

...Libertà

Ti bacio,
ma la mia anima
è volata via.
Graffiata,
rincorre le spiagge
delle mie antiche emozioni.
Un pianto antico,
per una morte antica.

...Anima

Quando è sera,
e la Luna dovrebbe accompagnare
il canto di due cuori,
qui tutto è odio,
rumori di morte.
Le mie membra stanche ormai
non trovano riposo.
Un uomo soffre,
un altro muore,
perché tra le mie braccia?
Mio padre… il viso stanco,
mia madre… il suo dolore.
Il bimbo in casa,
già incompreso e solo.
E' notte alta,
e io non dormo,
e questo mio divenire
stanco Tramonto
di un giorno che muore,
con lento e inesorabile distacco,
percuote le mie membra
come un brivido di morte.

…Divenire

Quando chiusa
nella spirale
della mia angoscia,
dei miei dubbi,
delle poche certezze del mio essere,
io mi dimeno,
e disperata ti cerco;
allora mi accorgo…
che neanche tu ci sei.

...Spirale

Due sguardi che s'incontrano,
due bocche che si cercano,
due mani che si stringono,
due cuori – un solo battito!

Vorrei suonare
questa sera
le note più impetuose
di una musica,
che possa esprimere
senza più toni dolci e pacati,
il disagio di un animo
che vuol librarsi
rompendo le catene,
di un animo
che vuole imbrattarsi
di vivissimi colori
su una tela
che un artista
della vita,
amorevolmente dipinge.

...Tela

Mi agghiaccia
solo l'idea
di un'inesorabile eclissi dell'essere,
dono di una razionalità storica,
o di un fato improbo,
o di una vita
superbamente condotta
alla ricerca disperata
di una verità
solo intuibile,
e mai e poi mai
afferrabile!

...Fato

Se tu,
sconosciuto,
chiamerai il mio nome,
sussulterò…
Se prenderai la mia mano,
fremerò…
Se mi abbraccerai,
tremerò…
Se mi bacerai,
m'abbandonerò… o fuggirò.
Ma...
Se conoscerai la mia Morte,
e non fuggirai,
allora
sarò solo tua.

...Se

Quando senza motivo
divento cupa e triste,
quando i miei occhi
come punti da tanti spilli
mi dolgono,
e lacrime calde solleticano le mie gote,
ed io vorrei gridare,
correre, ribellarmi,
vorrei tutti o nessuno attorno a me.
E quando ascolto questa musica…
che mi fa rivivere in un attimo
tutta la mia vita,
ed io con gli occhi fissi
alle luci della città sulla costa
ed alla luna,
ed ai suoi chiarori sul mare
…piango…
e la disperazione mi assale,
e sono sola,
e mi sento infelice
estranea persino a me stessa…
…Allora mi sembra di morire,
e con gli occhi sbarrati,
fissi nel nulla,
io sento il mio vero vuoto,
il vuoto di un'anima,
di una vita,
di un amore.

…Piango

Un disperato appello d'aiuto,
una lunga strada interminabile
piena di sentieri
forse come la vita…

Un uomo sconvolto,
segnato dal dolore,
ci viene incontro,
ci fa strada.

Gli alberi agitati dal vento
Sembrano minacciosi
e partecipi del dolore di un uomo.

Io penso,
una forza prorompente
mi spinge ad agire.

Un uomo è sul letto…
macchie di sangue sul pavimento,
un viso,
un viso bianco,
un corpo inerme,
uno sguardo vitreo
e il gelo dell'animo.

Una donna piange…
l'ultimo addio!

…Un uomo

Cerchi la luce
nella notte senza stelle,
e inquieto
ti rivolti senza pace.
S'allontana la speranza.
Nel gelo del buio
senti come incubi
i rumori delle armi
delle tue antiche lotte
e delle tue pesanti catene…
…poi…
il tuo lamento.

…Catene

Vorrei fermarmi, non pensare.
Ho sete d'amore,
vorrei stordirmi nell'amore.
Forse non ho più amore.
Conosco la disperazione,
vorrei poter recidere
violentemente
i tortuosi meandri
ed i legami oscuri
del mio essere.
Vorrei poter bere
alla sorgente del giorno
e vorrei poter dormire
nel letto dei soliti sogni.
Vorrei non conoscere
la mia notte,
sempre troppo lunga,
forse eterna?

...Notte eterna

Ombre, luci…
gioia, angosce…
risposte vane,
il vuoto.
Immagini immense,
un solo pensiero.

…Vuoto

Nella quiete della notte
penso a te…
e soavemente,
la malinconia mi prende…

…Soavemente

Illusione.
Tutto è illusione,
come la speranza
che io possa svincolarmi
da me stessa,
ed amare per amare
al di là del mio prepotente egoismo.
Solo l'amicizia e la passione,
sempre effimere
come i sogni che all'alba si dileguano,
mi è riservato conoscere,
per potermi identificare con essi,
nella bellezza della vita,
nell'eternità dell'attimo,
e poi...
dileguarmi
come i sogni all'alba,
nel misero vuoto della mia esistenza.

...Egoismo

Respiri affannosi,
corpi uniti,
sguardi intensi e sicuri.
La tua mano cerca la mia,
palpiti di animi,
beviamo alla sorgente dell'Essere,
ci ubriachiamo di Vita,
e fermiamo quell'attimo struggente
solo per amarci.

...Ubriaca di vita

Hanno dipinto di rosso scarlatto
col sangue di giovani bimbi,
la neve bianca e soffice
di un triste giorno d'inverno.

Ora giacciono lì!

I corpi inermi e senza vita,
mentre un pianto disperato,
urlo di morte
percorre il mondo intero.

Ora giacciono lì!

Sul prato verde dei loro giochi,
infreddoliti dal gelo
e dalla lunga notte,
con occhi sbarrati
ma ancora decisi
a rincorrere sogni e speranze.

Ora giacciono lì!

Mentre lento
scende il buio della notte,
cala un vento d'oblio
sul mondo intero.
Qualcuno piange, ricorda,
qualcuno dorme…

Ora giacciono lì!

Ma la mia disperazione si leva,
urlando contro il male
e l'ignoranza…

…e piangendo resto lì!

Forse per un attimo…
forse per sempre.

...
…Vento d'oblio

Addio.........
abbiamo permesso che
grossi artigli
infierissero sulle nostre
membra stanche,
e inutilmente,
adesso,
cerchiamo di percorrere a ritroso
il cammino,
nell'affannosa ricerca
di qualche frammento
e brandello di noi,
sperando che possa
rimarginare ferite
che ci siamo inferti
senza esclusione di colpi,
ma............
il nostro addio
era già scritto nelle stelle,
e gridava minaccioso
alla luna solinga,
che già da tempo
non accompagnava più
il nostro canto
d'amore............

...Addio

Oggi mi manchi…
come ieri, come l'altro ieri,
come mi mancherai domani,
e poi domani.

Mi manchi da sempre,
e come sempre.

Mi manchi,
ed è sensazione di disagio.

Mi manchi,
ed è acuta nostalgia.

Mi manchi,

ed è solitudine assoluta.

Mi manchi,
ed è palpitazione.
Emozione.
Tremore.
E' una notte
passata a pensarti.
E' l'alba
che sente pronunciare il tuo nome.

Mi manchi,
ed è la tua mano nella mia,
libera e sicura.

Mi manchi,
ed è un fremito di anime.

Mi manchi,
e come un naufrago,
vado alla ricerca dei tuoi occhi,
perché in essi
riposano le mie stanche membra,
ed in essi, infine
mi perdo in un mare
di emozioni...

Dentro i tuoi occhi,
oltre i tuoi occhi...

...Alba

Ti guardo,
seduto su quella parola,
apatico e indifferente.
Solo qualche sguardo
furtivo e ambiguo,
quest'indifferenza
ha il sapore della morte per me.
Vuoi sottolineare con ogni parola
il canuto e adamantino disamore tra noi…

Io,
seduta di fronte a te,
parlo, ascolto, sorrido
compiaciuta ed ipocrita,
ma dentro di me
la tempesta si scatena,
non ti sono amica io,
e vorrei gridarti:
Amami!
Odiami!
Oppure va' via…per sempre!

…Parola

Era un'idea
forse assurda…
Era un pensiero
nascosto con forza….
Era una speranza
da nutrire con timore…
Era gioia nell'incontro
e malinconia nell'attesa…
Era certezza
e subito dubbio…
Era esaltazione e poi
baratro.
Era paura
ma da sfidare con forza…
Era un cammino irto,
ma da percorrere…
Erano emozioni
profonde ed oscure…
Erano brividi…
Vividi…
di una fusione
di anime.

…Baratro

E' finita,
sono libera,
ma avrei preferito la schiavitù.
Sono tranquilla,
ma avrei preferito il tormento dell'Amore.
Non ho pensieri,
ma avrei preferito il pensiero
ossessionante di lui.
Non ho desiderio,
ma avrei preferito
quel desiderio di lui,
che mi bruciava dentro.
E non mi dava pace.

...E' finita

Ti dedico questa notte insonne,
perché ho pensato a te;
e quest'alba nascente,
perché svegliandomi
ho sussurrato al tuo nome;
e questo mio istante
raro e struggente,
perché in esso
ti ho cercato
ed abbracciato.
Ti dedico la mia Vita
in cambio della tua
Resurrezione.

...Resurrezione

A mio figlio

Cercherò d'allontanare il buio dai tuoi occhi,
e lascerò che cali su te solo quello della notte.
Cercherò di dissipare le nuvole
che si affolleranno su te,
perché tu non conosca mai
la pioggia del pianto.
Veglierò su te,
perché possa scorgere nella notte i tuoi sogni,
che io avrò colorato di rosa.
Resterò in silenzio,
accanto a te nelle tue lotte,
e ti terrò la mano
affinché i rumori delle tue guerre
siano per te,
sempre e soltanto
echi lontani.

A mia figlia

Piccola, fragile
ed indifesa bambina mia,
ti affacci alla vita,
con ansia ed incertezza,
mentre rigano il tuo volto
lacrime calde
che asciughi in fretta
perché io non veda...
nascondi te stessa
dietro un sorriso aperto,
ma velato di rabbia
e delusione...
mentre con forza,
rigetti un mondo che non ami,
in silenzio,
perché io non oda...